MUST READ

BOEKANALYSE

AF125921

De Pest

. . . .

ALBERT CAMUS

BOEKANALYSE

Geschreven door Lucile Lhoste
Vertaald door Nikki Claes

De Pest

ALBERT CAMUS

ALBERT CAMUS

FRANS SCHRIJVER, TONEELSCHRIJVER, ESSAYIST EN FILOSOOF

- **Geboren in Mondovi (Algerije) in 1913**
- **Overleden in Villeblevin in 1960**
- **Opmerkelijke werken:**
  - *The Stranger* (1942), roman
  - *De mythe van Sisyphus* (1942), essay
  - *The Plague* (1947), roman

De in Algerije geboren Fransman en Nobelprijswinnaar Albert Camus (1913-1960) is een van de belangrijkste schrijvers van de twintigste eeuw. Als politiek geëngageerd intellectueel, filosoof, journalist, toneelschrijver en romanschrijver drukte hij zijn stempel op zijn tijd met zijn beschouwing over het absurdisme, dat hij nuanceerde en gevoeliger en menselijker maakte.

Alom bewonderd en soms bekritiseerd, kreeg Camus wereldwijd veel aandacht met zijn romans *De pest* (1947) en vooral *De vreemdeling* (1942). Hij stierf voortijdig in 1960 als gevolg van een auto-ongeluk.

DE PEST

HET BEGIN VAN DE OPSTAND

- **Genre**: roman
- **Referentie-uitgave**: Camus, A. (1972) *La Peste*. Parijs: Gallimard.
- **Eerste editie**: 1947
- **Thema's**: epidemie, isolatie, dood, chaos, bedreiging, opstand

The Plague vertelt over de pogingen van Dr. Rieux en enkele andere inwoners om een pestepidemie te stoppen die de stad Oran treft in de jaren veertig.

De roman werd gepubliceerd in 1947 (het eerste grote succes van de auteur in de boekhandel) en markeert een belangrijke ontwikkeling in het werk en denken van Camus, aangezien hij breekt met de cyclus van het absurde (*De vreemdeling*, *De mythe van Sisyphus*, *Caligula* en *Het misverstand*) en zich begint te verdiepen in die van de opstand (*De pest*, *De rechtvaardige moordenaars*, *De rebel*).

SAMENVATTING

De Pest heeft de vorm van een kroniek geschreven door een mysterieuze verteller, wiens identiteit aan het eind van het verhaal wordt onthuld (Dr. Bernard Rieux, de hoofdrolspeler). Het vertelt over de merkwaardige (fictieve) gebeurtenissen in Oran in het begin van de jaren veertig (het exacte jaar wordt niet vermeld).

DE VERSCHIJNING VAN EEN MYSTERIEUZE ZIEKTE

Het begint allemaal op een dag in april 1940, als dokter Bernard Rieux bij het verlaten van zijn huis over een dode rat struikelt. Nadat hij zijn vrouw naar het station heeft gebracht (zij is ziek en moet de stad uit om zich te laten behandelen), begint Rieux aan zijn bezoeken. De volgende dag, na gesprekken met zijn patiënten, zijn collega's (o.a. Dr. Richard) en zijn buren, realiseert hij zich dat ratten de stad binnendringen en openlijk sterven. Een telefoontje van een voormalige patiënt, Joseph Grand, leidt hem naar een ontmoeting met Cottard, een vertegenwoordiger die zichzelf probeerde op te hangen. Cottard raakt in paniek bij de gedachte met een politiecommissaris te moeten spreken. Rieux stelt hem gerust en hervat zijn bezoeken.

De ratten blijven sterven en het aantal dode ratten neemt toe tot het einde van de maand, dan stopt het plotseling. Dan merkt Rieux dat sommige patiënten (zoals meneer Michel, zijn conciërge) aan een vreemde ziekte lijden die hen binnen enkele dagen doodt. De gevallen nemen toe, de autoriteiten reageren traag en de hele stad verkeert in koortsachtige angst. Rieux erkent de waarheid: de pest decimeert Oran. Vervolgens waarschuwt hij de prefect. De autoriteiten willen de bevolking niet bang maken, dus worden er slechts kleine maatregelen genomen om de besmetting te beperken.

EEN EPIDEMIE

Het sluiten van de deuren van de stad markeert het begin van een "lange periode van ballingschap" (p. 71), waardoor het gedrag van de inwoners geleidelijk verandert.

Sommigen zijn solidair en proberen de pest te bestrijden, zoals dokter Rieux die zich doodwerkt en weigert op te geven.

- Jean Tarrou (een welgestelde lijfrentetrekker wiens getuigenis door de verteller wordt naverteld) staat Rieux bij en neemt deel aan de door de stad opgezette gezondheidsopleiding.

- Raymond Rambert, een Parijse journalist die gescheiden is van zijn vriendin, kopieert hem wanneer hij zich realiseert dat hij niet kan profiteren van de weinige uitzonderlijke maatregelen die hem in staat zouden stellen de stad te verlaten.

- Joseph Grand, een medewerker van het gemeentehuis, is ook bereid zijn vrije tijd op te geven om de inspanningen van artsen en vrijwilligers te coördineren.

Anderen zijn echter terughoudender om hun steun aan te bieden:

- Cottard, die een vreemde voldoening vindt in het ongeluk van zijn medeburgers, profiteert zelfs van de situatie door te kopen en te verkopen op de zwarte markt.

- Pater Paneloux probeert tijdens een preek in de kathedraal de pest te begrijpen: de pest is een waarschuwing van God. Rieux gelooft dit niet. Uitgeput zet de dokter zijn strijd stoïcijns voort.

Tijdens de zomer breidt de epidemie zich uit en wordt de dood gemeengoed: de lijken worden snel opgeruimd en wie **de stad** probeert te ontvluchten, wordt doodgeschoten. **Acute pijn** maakt plaats voor moedeloosheid en de mensen berusten in het leven in het heden, zonder hoop en zonder herinnering. De liefde verlaat de harten van de inwoners. De pest verschijnt als een monotone plaag die geen ruimte laat voor heldendom, als "een eindeloze vertrapping die alles op zijn weg verplettert" (p. 181).

DR. RIEUX'S OPSTAND

De herfst breekt aan en het aantal doden blijft stijgen. Rieux raakt onverschillig voor het lijden dat hij elke dag ziet, maar **hij geeft** zijn strijd niet op.

De lijdensweg en de dood van onschuldige (de jonge zoon van rechter Othon) maakt hem woedend. Vader Paneloux probeert hem Gods wil doen inzien. Rieux verliest zijn kalmte, verontschuldigt zich vervolgens en erkent dat ze moeten samenwerken. Maar enkele dagen later, na een preek vol twijfel, sterft pater Paneloux zonder dat hij een dokter heeft gezien en het is onmogelijk te zeggen of het de pest was die zijn dood veroorzaakte.

In die tijd neemt Rieux zijn omgeving een beetje in vertrouwen. Hij praat met Grand over zijn vrouw, van wie hij gefragmenteerd nieuws ontvangt via een telegram. Hij bespreekt openlijk het schijnbaar egoïstische geluk van Ramberts liefde voor zijn partner en hij geeft toe dat hij het hem niet kwalijk neemt dat hij de stad wil verlaten. Maar Rambert ziet af van zijn plan: ook al is het geen schande om gelukkig te willen zijn, "there may be shame in being happy all by oneself" (p. 208). Schaamte lijkt Cottard echter niet te deren. Hij gaat door met ondernemen en lijkt zich te verheugen dat hij niet langer de enige is die lijdt.

Op Allerheiligen, niet lang na de dood van dokter Richard (wiens naïef optimisme niet voldoende was om de epidemie te stoppen), Tarrou de vriendschap van Rieux en vertelt hem over zijn gedachten: hij vraagt of hij gelooft dat het mogelijk is om "een heilige zonder God" te zijn (p. 253). De dokter antwoordt dat hij niets geeft om heldendom of heiligheid; hij probeert gewoon een man te zijn. Beide personen ontsnappen even aan de pest en de absurditeit van hun strijd door een verfrissende duik in zee te nemen. Met Kerstmis wordt Grand ziek, maar hij bezwijkt niet. De winter lijkt de plaag terug te draaien; de ratten duiken weer op, levend.

DE AANHOUDENDE DREIGING

Half januari is er weer hoop, ook al sterven er nog steeds mensen te midden van de algemene vreugde: Rechter Othon, daarna Tarrou, die Rieux had proberen te redden door hem naar zijn huis te brengen. De volgende dag verneemt de dokter per telegram de dood van zijn vrouw. In februari opent de stad weer haar deuren en Rambert voegt zich weer bij zijn partner. Cottard, die tevergeefs probeert te ontsnappen aan de politie (het motief voor zijn schuld wordt niet verteld), begint vanuit het raam van zijn appartement te schieten op de menigte. Hij wordt uiteindelijk gearresteerd, in het bijzijn van Grand (die genezen is) en Rieux.

Terwijl de stad feestviert en zich haast om de tragische gebeurtenissen te vergeten, mediteert Rieux alleen op de top van een terras: de bacil van de pest verdwijnt nooit helemaal; het geluk van de mensen wordt altijd bedreigd.

KARAKTERSTUDIE

DR. BERNARD RIEUX

Hij is ongeveer 35 jaar oud en ziet er mediterraan uit (gemiddelde lengte, regelmatige neus, zwart haar). Zijn "brede schouders" en "vooruitstekende kaak" weerspiegelen zijn karakter en zelfvertrouwen (blz. 35). Hij is een voorbeeldig man: eerlijk, rechtvaardig, moedig, intelligent, actief, efficient en oprecht goed. Als arbeiderszoon die arts is geworden, offert hij zijn persoonlijke belangen op voor die van de gemeenschap. Zijn karakter verandert echter: terwijl hij in het begin van de roman eenzaam en zwijgzaam is, stelt hij zich geleidelijk aan open voor de mensen om hem heen (Grand, Tarrou) en ontwikkelt hij enkele vriendschappen (waarin hij met Tarrou in zee baadt vormt het hoogtepunt).

Hij is "moe van de wereld" (p. 18) en een atheïst, maar geen misantroop: "Er zijn meer dingen in de mens te bewonderen dan te verachten" (p. 308). (p. 308) Geobsedeerd door zijn werk (deze felle dagelijkse strijd stelt in staat nooit toe te geven aan defaitisme), streeft hij ernaar te handelen plaats van de oorsprong van de plaag te begrijpen: "De mens kan niet genezen en weten tegelijk" (p. 209).

De verteller, die als objectieve schrijver vaak het voornaamwoord "wij" gebruikt (om zijn solidariteit met de Oranjes te tonen), onthult zijn identiteit aan het einde van de roman. Door zijn leeftijd, zijn sociale en geografische afkomst en zijn ideeën doet hij denken aan de auteur zelf.

JEAN TARROU

Jean is een eenvoudige en welgestelde man die zich onlangs in Oran heeft gevestigd. Zijn notitieboeken, die als bron dienen voor het verhaal van de hoofdverteller, maken van hem de historicus van de onbeduidendheid. Als zoon van een advocaat-generaal distantieert hij zich van justitie en van zijn vader nadat het proces heeft bijgewoond van een ter dood veroordeelde man (p. 247).

Als een teleurgestelde politieke en revolutionaire activist weigert hij nu toe te geven dat we ons leven kunnen opofferen om een hogere zaak te verdedigen. Tevreden zijn kennis, "Ik weet alles van het leven, dat kun je zien" (p. 251), is er slechts één vraag die hem nog dwarszit: of het mogelijk is een heilige te zijn zonder God.

JOSEPH GRAND

Hij is een "medewerker van een klein stadhuis" (p. 49) die heel gewoon is, en wiens onbeduidendheid en zwakheid tot uiting komen in zijn algemene voorkomen (zijn naam verwijst weliswaar naar zijn grote omvang, maar is in dit opzicht tegenstrijdig). Zonder ambitie leidt hij een gewoon leven tot de komst van de pest, behalve dat hij een geheime passie koestert: het schrijven van een boek. Maar hij komt nooit verder dan de eerste zin, die hij elke avond herschrijft, alleen in zijn appartement. Rieux beschouwt hem echter als een van die onbezongen helden, gul en toegewijd aan het collectieve geluk, en wiens ingetogen optreden en bescheidenheid hem tot een goed mens maken.

RAYMOND RAMBERT

Hij is een jonge Parijse journalist die naar Oran is gestuurd om te leren over de levensomstandigheden van de Arabieren. De Spaanse Burgeroorlog (waarin hij "aan de verliezende kant" vocht, p. 163) heeft zijn idealisme enigszins aangetast: "Ik geloof niet in heldendom; ik weet dat het gemakkelijk is en ik heb geleerd dat het moorddadig kan zijn." (p. 163). Hij cultiveert nu een meer egoïstisch geluk (meer dan wat ook wil hij Oran verlaten om zijn vriendin te vinden). Maar, net als Grand en Tarrou, evolueert hij en neemt hij uiteindelijk deel aan de gezondheidsopleiding, waarmee hij zijn solidariteit met de Oranjes toont.

PATER PANELOUX

Hij is een charismatisch en dogmatisch prediker. Hij interpreteert de plaag snel als een goddelijke waarschuwing en probeert Gods wil te zien in de dood van een onschuldig kind, daarbij de logica volgend van "alles of niets": "We moeten alles geloven, of alles ontkennen" (p. 223). Zijn geloof neemt af en hij wordt aarzelend. Zijn gebrek aan macht en de nutteloosheid van zijn toespraken (hij staat tegenover het bescheiden en discrete optreden van Rieux) maken hem tot het symbool van het falen van het christendom bij een plaag als de pest. Het actieve fatalisme dat hij voorstaat (p. 225) beschermt hem niet tegen de pest en zijn scepticisme tegenover de wetenschap (hij weigert zich te laten onderzoeken als hij ziek wordt) leidt hem regelrecht naar de dood.

COTTARD

Cottard is zeker het meest negatieve personage in deze roman. Deze "kleine ronde man", die schuldig is aan een onbekend vergrijp, probeert zich aan het begin van de roman op te hangen om aan gerechtigheid te ontkomen. Hij is zwak, "van onwetend hart, wat betekent dat hij eenzaam is" (p. 303), wanhopig, egoïstisch, en een lafaard die zich verheugt in de pestepidemie: hij vindt troost voor zijn eigen lijden in het ongeluk van anderen, en profiteert van het isolement van de stad om zaken te doen en basisvoedingsmiddelen te verkopen tegen woekerprijzen.

Hij leeft comfortabel van zijn eigen inkomen en weigert elke vorm van solidariteit die hem niet winstgevend is en schiet uiteindelijk met een pistool op de menigte als de stadspoorten weer worden geopend. De verteller en Grand kunnen het niet opbrengen hem te haten of hem zelfs maar kwalijk te nemen (p. 306).

ANALYSE

VAN EEN KRONIEK NAAR EEN TRAGEDIE

Aan het begin van het verhaal geeft de verteller aan dat het verhaal dat hij vertelt eigenlijk een kroniek is. Hij verklaart dat hij het heeft opgebouwd uit talrijke getuigenissen, waaronder aantekeningen die Jean Tarrou tijdens de epidemie heeft gemaakt. Zo wilde Camus, ook al zijn feiten in de roman fictief, ze de schijn van werkelijkheid geven.

De gebruikte stijl versterkt dit gevoel. Het is koud, afstandelijk en monotoon. Omdat de identiteit van de verteller ons onbekend is, is het verhaal geschreven in de derde persoon enkelvoud, wat het een zekere afstand geeft.

Toch zou de vertelstructuur van de roman van Camus meer kunnen doen denken aan een klassieke tragedie. Het bestaat namelijk uit vijf delen:

- Het eerste deel bestaat uit het blootleggen van de feiten: de ziekte die veel ratten treft lijkt zich onder mannen te hebben verspreid en is hard op weg een epidemie te worden;

- Het tweede deel heeft betrekking op de verspreiding van de ziekte (ontwrichtend element) en de eerste maatregelen die worden genomen (sluiten van de stadspoorten). We ontdekken ook de eerste reacties van de inwoners;

- Het derde deel betreft de versterking van de ziekte en de gevolgen daarvan voor het moreel (depressie en fatalisme). De hele stad wordt getroffen en er ontstaat paniek. Sommigen proberen een verklaring te vinden;

- In het vierde deel bereikt de ziekte haar hoogtepunt (story node). Dr. Rieux geeft niet op. Integendeel, de dood van een jong kind maakt hem kwaad en blaast zijn strijd nieuw leven in;

- In het vijfde deel wordt het verhaal afgesloten. De epidemie wordt gestopt en de situatie wordt weer normaal.

Camus houdt niet helemaal aan de regel van drie eenheden. De eenheden plaats (een stad in quarantaine) en actie (de strijd tegen de pestepidemie) zijn weliswaar opgenomen, maar de tijd is problematischer, aangezien het om een periode van enkele maanden gaat.

Bovendien blijft het einde, ook al is de epidemie gestopt, tragisch omdat de verteller stelt dat de ziekte niet is uitgeroeid en het geluk van de mensen altijd bedreigd zal blijven.

DE PEST: EEN POLYSOMISCH SYMBOOL

In de epigraaf van de roman bevestigt Camus de vrijheid van een auteur van fictie ten opzichte van de geschiedenis: "Het is even redelijk om een soort gevangenschap weer te geven door een andere, als om iets dat werkelijk bestaat te geven door dat wat niet bestaat." (Daniel Defoe, Engels schrijver, 1660-1731). Als de pest zich in de jaren veertig niet naar Algerije had verspreid, impliceert de auteur dus dat andere vergelijkbare kwalen de mensen troffen en dat de pest als symbool moet worden beschouwd. Bovendien staat dit symbool dus open voor verschillende interpretaties, die soms sterk uiteenlopen. Wij noemen er hier slechts vier: oorlog, goddelijke straf, menselijke schuld en het kwaad.

De pest = oorlog

De tijd van schrijven (eind 1940-voorjaar 1942) en publicatie (1947) van het werk laat ons toe de pest te begrijpen als een voorstelling van de oorlog. De Tweede Wereldoorlog beïnvloedde de houding en het leven van iedereen. Intellectuelen en schrijvers probeerden de gebeurtenis te begrijpen en stelden zich tot taak een kant te kiezen en politiek "geëngageerd" te zijn (engagement betekent niet zozeer het aanhangen van een bepaalde politieke partij, maar het verdedigen van een duidelijk politiek standpunt). Verhitte debatten (waaraan Camus deelnam) werden binnen en buiten het literaire veld gevoerd.

Belangrijke elementen kunnen worden gebruikt om een parallel te trekken tussen de pest en de Tweede Wereldoorlog in de roman:

- Het verhaal speelt zich af in de jaren veertig. Deze datum is belangrijk genoeg in de geschiedenis van de mensheid om de verwijzing naar de oorlog duidelijk te maken;

- Oran wordt al snel voorgesteld als een "gesloten stad" (ze is gebouwd met de rug naar de zee en de deuren zijn gesloten aan het einde van het eerste deel) wordt binnengevallen door ratten en vervolgens door de ziekte (de roman houdt vast aan de term "invasie", p. 21, p. 72). Deze situatie verwijst dus naar het door het nazi-leger bezette Frankrijk, ook wel "de bruine pest" genoemd (vanwege de kleur van de Duitse uniformen).

De verteller benadrukt ook de algemene relatie tussen de twee plagen:

- "Er zijn in de geschiedenis evenveel plagen als oorlogen geweest; toch worden mensen altijd even verrast door plagen en oorlogen." (p. 42). De gevolgen zijn ook vergelijkbaar: scheiding van gezinnen en paren, einde van de vrije doorgang, gedecimeerde bevolking, sociale nivellering, algemeen wantrouwen, enz.

- In de tekst worden verschillende oorlogstermen gebruikt: "leven van gevangenen" (p. 22, p. 112), "eindeloze nederlaag" (p. 131), enz.

Volgens deze interpretatie verwijzen de inspanningen van Dr. Rieux en zijn vrienden naar het verzet in Frankrijk onder Duitse bezetting.

De pest = goddelijke straf

In zijn preken vergelijkt pater Paneloux de situatie in Oran met soortgelijke gebeurtenissen in de Bijbel: de zondvloed, de vernietiging van Sodom en Gomorra, de tien plagen van Egypte en het verhaal van Job. Daarom ziet hij de plaag als een straf van God. De verteller verwijst soms naar deze interpretatie: hij verwijst met name naar de "vloedachtige regen" (p. 36) die aan het begin van de epidemie op Oran viel.

Maar Dr. Rieux ontkracht het standpunt van pater Paneloux: Welke God zou het leven van een onschuldig kind kunnen nemen? Dit argument verzwakt Paneloux' geloof: na een tweede aarzelende preek wordt hij ziek en sterft hij snel. Zijn dood kan symbool staan voor het falen van zijn interpretatie van de pest.

De pest = menselijke schuld

Jean Tarrou beschouwt de pest als een soort erfzonde, maar vanuit een seculier standpunt. Dit personage beweert inderdaad atheïst te zijn.

Teleurgesteld justitie, en vervolgens door de revolutionaire strijd, omdat beide moorden rechtvaardigen in naam van een hoger ideaal, breidt Tarrou deze schuld uiteindelijk uit tot de hele mensheid. Volgens hem neemt ieder mens direct of indirect deel aan de samenlevingen die executie rechtvaardigen.

Zich bewust van deze oorspronkelijke schuld gelooft Tarrou dat het enige wat de mens kan doen om aan de schande van het pestlijden te ontsnappen, is "alles te veroordelen wat, direct of indirect, om goede of slechte redenen, doodt of het doden rechtvaardigt" (p. 251). Maar hij weet dat deze overtuiging slechts een ideaal is.

De pest = een allegorie van het kwaad

De pest kan ook gezien worden als iets dat boven bepaalde kwaden staat: het wordt dan een allegorie van het kwaad in het algemeen, want "het menselijk lijden overstijgt de toevalligheden van de geschiedenis" (Beaumarchais J.-P. en Couty D., *Dictionnaire des grandes œuvres de la littérature française*, p. 962).

Volgens deze interpretatie verschijnt de pest als een constitutief element van de menselijke conditie. Een van de belangrijkste gezichten van deze plaag is voor de verteller het gebrek aan solidariteit tussen de mensen. Ook Rieux (meer dan wie ook) en zijn vrienden zijn uitzonderingen: ondanks de sociale nivellering en de groeiende wanhoop die tot een zekere heroïek leidt, blijft de meerderheid van de Oranjes wantrouwig en trekt zich liever egoïstisch terug dan zich aan te sluiten bij de collectieve strijd. De verteller nodigt ons uit het belang van de gezondheidsopleiding niet te overdrijven, maar benadrukt dat het deze pogingen, deze bescheiden zijn die bijdragen tot de grootsheid van de mens (p. 134-135).

HET ABSURDE EN DE OPSTAND

De plaag die Oran treft, verandert het leven van de mensen en stort hen in het absurde. De roman sluit aan bij *De vreemdeling* en *De mythe van Sisyphus* door verschillende aspecten van de absurditeit van de menselijke conditie te belichten:

- De afwezigheid van God. De christelijke visie wordt uitgedaagd door het falen van pater' Paneloux, wiens fatalistische toespraken onnodig en onbeduidend lijken. Zijn wachten is zinloos tegenover de onredelijke stilte van de wereld;

- De afwezigheid van verleden en toekomst. De dood (gevolgd door vergetelheid) is de enige mogelijke horizon voor de mensen, hun halsstarrigheid om zich het verleden te herinneren en plannen te maken voor de toekomst lijkt zinloos. Evenzo begrijpen de Oranjes na enige tijd dat ze vastzitten in het heden: "Vijandig tegenover het verleden, ongeduldig tegenover het heden en bedrogen tegenover de toekomst, leken wij veel op hen die door de gerechtigheid van de mensen, of door haat, gedwongen worden achter tralies te leven." (p. 77);

- Beperkte rede. Voor de absurde mens is redeneren de enige manier om de wereld te begrijpen, maar hij weet dat dit instrument onvolmaakt is en dat zijn pogingen nutteloos zijn. In *De Pest* benadrukt de verteller de nutteloosheid van woorden en de absurditeit van cijfers. Mensen worden gereduceerd tot het sturen van onpersoonlijke telegrammen en eindeloos herschreven brieven, vol woorden die totaal geen betekenis hebben;

- Eenzaamheid. De absurde man staat alleen tegenover een wereld die onverschillig is voor zijn klachten. In *De vreemdeling kan* Meursault (de egocentrische hoofdpersoon) met niemand communiceren en sluit hij zich op. In *de pest* beseffen de personages pas geleidelijk dat ze samenleven.

Sisyphus of de eeuwigdurende taak

Sisyphus is veroordeeld tot het rollen van een rots naar de top van een berg. De taak is onmogelijk te volbrengen (vroeg of laat rolt de steen altijd weer terug naar de bodem van de berg) en Sisyphus verricht eeuwige en hopeloze arbeid. Voor Camus is dit personage de ultieme absurde held.

In *De Pest zijn* bijna alle hoofdpersonen veroordeeld tot dezelfde handeling:

- Rieux lijkt voortdurend dezelfde dag opnieuw te beleven, van de ene patiënt naar de andere;

- Tarrou stuit op dezelfde filosofische vragen;

- Grand blijft elke avond dezelfde zin herschrijven;

- Rambert is veroordeeld om steeds opnieuw de stappen te ondernemen die hem in staat moeten stellen de stad te verlaten, maar zijn vertrek wordt steeds uitgesteld;

- De Oranjes herstarten voortdurend de brieven die ze naar hun familieleden of echtgenoten sturen zonder te weten of ze op hun bestemming zullen aankomen;

- Elke dag begraaft de stad haar doden zonder te weten wanneer de plaag zal eindigen.

Maar in tegenstelling tot *The Stranger gaan* de personages hier verder dan het louter aanvaarden van de absurditeit van het leven. Rieux erkent de absurditeit van zijn toestand, en geeft de waarschijnlijke ijdelheid van zijn strijd toe, maar weigert te stoppen met vechten:

> *"We moesten op een of andere manier vechten en niet op onze knieën vallen. De vraag was hoe we konden voorkomen dat zoveel mogelijk mannen zouden sterven [...]. Daarvoor was er maar één methode en dat was de pest bestrijden. De waarheid was niet bewonderenswaardig, zij was slechts consequent." (p. 136)*

Hij neemt dus de houding van de rebel aan, die Camus verdedigt in zijn gelijknamige essay (1951), met de volgende kenmerken:

- Weigering van zelfmoord. Camus wijst zelfmoord af omdat het "het absurde oplost". Het absurde moet in stand worden gehouden omdat het iemand aanzet tot reageren. Zelfmoord plegen is afstand doen;

- Helderheid. De mens moet zijn toestand helder aanvaarden en niet naar een hypothetische God rennen om hem te troosten of te redden. Rieux, als rationeel wezen, weigert metafysische verklaringen (bijgelovig of religieus) te gebruiken om de plaag te begrijpen. Hij baseert zijn oordeel op geleidelijk verworven zekerheden om het kwaad te begrijpen en beter te kunnen bestrijden (in tegenstelling tot zijn collega Dr. Richard, p. 234);

- Actie in het heden. Bevrijd van de beperkingen van een onwaarschijnlijke toekomst, wordt de actie van de menselijke opstand gedurfder. Nadat ze beseffen dat ze moeten leven zonder te weten of ze ooit aan de plaag zullen ontsnappen, zijn de Oranjes bereid hun leven te riskeren voor dat van anderen: Grand, Tarrou, Rambert en vele anderen volgen Rieux. Bovendien geeft Rieux de voorkeur aan actie (concreet en doordacht) boven theoretische reflectie "'Ah!', zei Rieux. 'De mens kan niet genezen en weten tegelijk. Laten we dus zo snel mogelijk genezen. Dat is het belangrijkste'", p. 209;

- Bevestiging van solidariteit en medeplichtigheid. De rebel ontsnapt aan de eenzaamheid (constitutief voor het absurde) door te bevestigen dat hij deel uitmaakt van een gemeenschap en door de gelijkheid tussen mensen te erkennen. Rieux stelt zich geleidelijk aan open voor anderen en sluit vriendschappen. Vanaf het begin erkent hij dat de pest iedereen aangaat en geneest hij onverschillig zowel de rijken als de armen, mannen en vrouwen, enz. Uiteindelijk, tijdens de arrestatie van Cottard, kan hij niet anders dan hem zien als een slachtoffer van politiegeweld (p. 306).

De Pest markeert daarom een belangrijke ontwikkeling in het werk van Camus: hij bevestigt de mogelijkheid om de absurditeit van de menselijke conditie te weerstaan door actie en solidariteit.

VERDERE REFLECTIE

ENKELE VRAGEN OM OVER NA TE DENKEN...

- Bij de personages zien we twee verschillende reacties op de plaag. Welke zijn dat? Leg je antwoord uit.

- Hoe is Rieux een voorbeeldig man en in welk opzicht staat hij tegenover pater Paneloux?

- Tarrou vraagt zich af of het mogelijk is "een heilige zonder God" te zijn. Verklaar zijn vraag.

- Interpreteer de epigraaf van de roman: "Het is even redelijk om een soort gevangenschap weer te geven door een andere, als om iets dat werkelijk bestaat weer te geven door dat wat niet bestaat." (Daniel Defoe).

- Waarom denkt de lezer dat de pest de Tweede Wereldoorlog symboliseert?

- Wat is Tarrou's standpunt over de pest? Wat vind jij ervan?

- Wat symboliseert de dood van pater Paneloux?

- Hoe klinkt *De Pest* als *De Vreemdeling* en *De Mythe van Sisyphus*?

- Hoe kunnen we zeggen dat Rieux de houding aanneemt van een "rebel", zoals Camus die in het gelijknamige werk definieert?

- Vind je het boek optimistisch of pessimistisch? Motiveer je antwoord.

- Probeert Camus met dit werk een boodschap of een moraal over te brengen? Motiveer je antwoord.

VERDER LEZEN

REFERENTIE-UITGAVE

Camus, A. (1972) *La Peste*. Parijs: Gallimard.

REFERENTIESTUDIES

Beaumarchais, J.-P., en Couty, D. (1997) *Dictionnaire des grandes œuvres de la littérature française*. Parijs: Larousse.

AANPASSINGEN

The Plague. (1989) [Play]. Francis Huster. Dir. Frankrijk: Théâtre Marigny, Théâtre de Nice.

The Plague. (1992) [Film]. Luis Puenzo. Dir. Frankrijk: Compagnie Française Cinématographique.

*We horen graag van jou! Laat
een reactie achter op jouw online bibliotheek
en deel je favoriete boeken op social media!*

Waarom kiezen voor Must Read?

Kom alles te weten over een boek met onze beknopte en diepgaande samenvattingen en analyses!

Ontdek het beste uit de literatuur in een compleet nieuw licht!

De uitgever garandeert de betrouwbaarheid van de gepubliceerde informatie, die echter niet onder zijn verantwoordelijkheid valt.

www.50minutes.com

Master ISBN: 9782808688048
Papier ISBN: 9782808699440
Wettelijk depot: D/2023/12603/1224

Omslag: © Primento

Digitaal ontwerp: Primento, de digitale partner van uitgevers.